Secretos para invertir en criptomonedas

Contenido

Qué son las criptomonedas 5

Tipos de criptomonedas 6

El mundo de las criptomonedas y el aspecto legal 7

Los mercados de criptomonedas en la actualidad 10

Lo que debes evitar al invertir en criptomonedas 14

Consejos sobre la inversión en criptomonedas 20

Cómo funcionan las estrategias de trading en criptomonedas 25

Componentes de una estrategia de trading para criptomonedas 26

Cómo comprar criptomonedas 28

Cómo minar criptomonedas 29

La rentabilidad de minar criptomonedas 31

Las mejores estrategias de trading de criptomonedas 32

Cómo operar en la inversión de criptomonedas 41

Las estrategias de inversión de criptomonedas más usadas en 2021 ... 42

Cómo se emplea el apalancamiento sobre la inversión 47

Pasos para hacer trading de criptomonedas 49

Trucos para ser parte del trading 51

La psicología del trading 54

Cómo hacer trading de criptomonedas, paso a paso 59

Tipos de trading 61

Lo que debes saber sobre los Exchanges 64

Cómo elegir la mejor casa da cambio para invertir 66

Los mejores Exchanges para comprar e invertir en criptomonedas ... 68

Los mercados de predicción a considerar en 2021 72

La diversidad de criptomonedas 75

Las criptomonedas más rentables 77

Qué inversión elegir en el mundo de las criptomonedas 79

Las ventajas y desventajas de invertir en criptoactivos 81

Los mejores brókers con demo 85

Métodos alternativos para ganar dinero con criptomonedas 88

Secretos para invertir en criptomonedas

La popularidad de las criptomonedas aumenta año tras año, pero lo cierto es que esta preferencia se ve apoyada por la cantidad de personas que invierten, y generan ingresos con mucho éxito, por ello es un sector al cual dedicar atención para aprovechar las oportunidades que postula en el plano económico.

Pero si todavía no sabes o no conoces lo que se un Ethereum o Tether, no hay razón para preocuparse, la mayoría solo posee mayor cercanía o conocimiento sobre el Bitcoin, pero en realidad existen más de 1000 criptomonedas en el mundo, cada una con un concepto distinto, pero todas son descentralizadas, volátiles y abiertas a la transacción activa.

Qué son las criptomonedas

La definición de criptomonedas recae sobre una moneda virtual, posee una extensión digital de gran tamaño, pero carece de presentación física, ya que emplea la criptografía, siendo el modo a través del cual se generan y gestionan las transacciones, de igual manera no dejan de surgir divisas de toda clase.

Las cualidades principales de una criptomoneda, inician por contar con soporte físico, sino que se trata de liquidez virtual, por ese motivo no se pueden almacenar en dispositivos físicos de alguna clase, por otro lado la criptografía es la encargada de crear unidades y no está controlado por ninguna clase de gobierno.

El principal funcionamiento de este medio, se basa en una tecnología de cadenas de bloques, siendo útil para generar más y más unidades, es esencial resaltar que la cantidad de unidades de esta moneda se encuentra limitada.

Tipos de criptomonedas

Existen una gran cantidad de criptomonedas, desde Dash, Ethereum, Litecoin, y mucho más, aunque la mayoría solo conozca la popularidad del Bitcoin, la diferencia entre cada una es el tipo de filosofía que poseen, todas en general utilizan la tecnología blockchain, pero con los cambios se vuelve más eficaz de procesar.

Algunas criptomonedas, utiliza fórmulas de divisas muy distintas, como que algunas poseen un número infinito de circulación, mientras que otras no realizan o aplican esta medida, lo mismo ocurre con la transparencia de transacciones, por ello al momento de invertir es necesario aplicar los conocimientos financieros de estos ámbitos.

El mundo de las criptomonedas y el aspecto legal

En primer lugar, es esencial el concepto que está detrás de las criptomonedas, se trata de monedas digitales, las cuales constan de una criptografía que genera un medio de pago confiable, esto causa que puedan surgir interrogantes acerca del funcionamiento de las mismas, como también algún tipo de ley que proteja su uso, para considerar los riesgos.

Al pensar en invertir en alguna criptomoneda, es esencial estudiar cada detalle sobre los riesgos, como también el tipo de inversión que estás dispuesto a realizar, ya que esto es clave para realizar cada paso con seguridad, de ese modo te puedes ajustar a las exigencias y los mecanismos detrás de cada criptomoneda.

Cada vez las regulaciones legales y fiscales avanzan sobre el mundo de las criptomonedas, ya que el uso de estas divisas avanza y se ha difundido en distintas áreas, pero en cada ocasión se debe tener cuidado con esa característica de volatilidad que forma parte de las mismas, y en muchos sentidos todavía es un mercado en desarrollo.

El mejor ejemplo de cambios económicos que viven las criptomonedas, se evidencia en esos 20% que puede llegar a decaer cada una de las monedas, es decir, de la misma forma en la que ascienden, también pueden bajar, por ello cada operación debe ser medida.

- **Regulación impuesta sobre las criptomonedas**

Las autoridades no poseen intervención alguna sobre las criptomonedas, pero la Comisión Europea se mantiene diseñando métodos a través de los cuales se puede regular este aspecto, sobre todo para un control directo hacia los mercados de criptoactivos, de ese modo tanto el consumidor, como el inversor, podrán contar con seguridad jurídica.

Esa visión de regulación que está detrás de las criptomonedas, busca clasificar las que sean consideradas como seguras o lícitas, y pasarán a ser consideradas como dinero electrónico, por ese motivo pasarán a tener regulación por parte de las autoridades expertas en Europa.

Ante la falta de regulación, las transacciones con criptomonedas han sido relacionadas con el bloqueo de capitales, siendo algo que no se puede negar por completo, sobre todo con el Bitcoin, pero no es principal o único medio para llevar a cabo estas planeaciones, porque hasta las instituciones bancarias se han prestado para ello.

Por este motivo, dentro de la agenda por parte de la comisión europea, se incorpora el estudio del blanqueo de capitales, lo cual busca obligar a cada exchanges a mantenerse bajo regulación, o eso es lo que se aspira, en la normativa de blanqueo de capitales, se ha pensado en la función de los exchanges, para cubrir ese aspecto.

Estas consideraciones son motivaciones incluidas sobre el proyecto de Ley de Medidas de Prevención y Lucha contra el Fraude Fiscal, el cual tiene ámbito de acción en España, además posee una redacción inicial que data en la Ley 7/2012, buscando una incorporación de control sobre ese aspecto de las monedas virtuales.

- **Las criptomonedas y la relación con los bancos centrales**

En la actualidad, se espera con ansías el lanzamiento de criptomonedas por parte de los bancos centrales, en este aspecto el Banco Central de China es uno de los más avanzados en este tema, ya que cuenta con un proyecto sólido tras su criptomoneda DC/EP, mientras que el Banco Central Europeo, todavía no presenta señales de seguir ese camino.

Una vez que el Banco Central de cualquier país, se involucre con el mundo de las criptomonedas, se origina un cambio directo sobre los modelos de negocios así como también sobre la gestión pública, causando que haya una relación diferente entre los particulares, y sobre la administración, es una revolución que debe ser bien estudiada.

Los mercados de criptomonedas en la actualidad

Desde el 2009 que surgió el Bitcoin, se abrió una gran puerta hacia un mundo de extensas oportunidades de inversión sobre más criptomonedas, por ello en 2013 se convirtió en un mercado repleto de inversionistas, por ello en pleno 2020 se calculan que existen hasta 2000 criptomonedas como una oportunidad de inversión.

La capitalización que forma parte de este mercado, se convierte en un gran motivo para ser parte de estas medidas, es un negocio a gran escala que llegó a poner en movimiento hasta centenas de miles de millones, con una gran cercanía hacia los millardos, es un medio que cuenta con muchas alternativas de participación.

A esta escala del mercado, se suma la tecnología conocida como Blockchain, siendo un ofrecimiento de seguridad, lo cual ayuda a que crezca la popularidad de este medio de inversión, es una novedad que se ha asentado por completo, pero es usual que existan dudas sobre los lapsos de inversión, estos ameritan de un análisis de lo que implican.

• Inversiones a largo plazo en criptomonedas

Se refiere a un tipo de inversión que se practica esperando un cambio en el precio durante el tiempo, siendo una postura sencilla, normalmente esa preferencia por una criptomoneda o movimiento, se sostiene durante 6 meses a un año para que obtenga esa clasificación, todo depende de las pretensiones personales.

Algunos usuarios pueden buscar una inversión de hasta 10 años, eso se encuentra a criterio personal, así como también se desarrolla bajo etapas, o si se práctica sobre una sola acción directa, esto permite perseguir objetivos puntuales, como lo es la estimación del precio a esperar para vender la cripto.

A esta visión se suma, si la venta se realizará en distintos tiempos o parcialmente, así como también si se está disponible a cambiar a una inversión a corto plazo ante las complicaciones, es decir en algunos casos se puede innovar con un cambio de estrategia, para ello se debe investigar a profundidad.

Los temas a comprobar antes de decantarse por una inversión a largo plazo, es si existe un equipo sólido para respaldar esa inversión, si cuenta con una tecnología útil de ascenso de su precio, la habilidad que poseas para investigar alguna cripto, y si su concepto está ubicado a resolver un problema en el plano real.

Antes de invertir es un requisito estar convencido de su potencial, de ese modo luego no se presenta algún arrepentimiento, los motivos para elegir esta modalidad, es que el inversor cuenta con mayor tranquilidad para no seguir de cerca la fluctuación, es un menor nivel de estrés, a esto se suma el nivel de ganancias posibles a alcanzar.

- **Inversión a corto plazo en criptomonedas**

Dentro de una inversión a corto plazo, se debe medir qué tan corto es ese plazo de inversión, es esencial recordar que se trata de plazos de tiempo cortos, para estar en búsqueda de ganancias rápidas, los períodos que se utilizan con frecuencia es de segundos, minutos, días, semanas y en raros casos llegan hasta meses.

El funcionamiento de este tipo de inversión se desarrolla al responder los temas de la cantidad de pérdidas que el inversor esté dispuesto a afrontar, porque las caídas repentinas son escenarios usuales dentro de este mundo, también está el hecho de medir los beneficios a cosechar, y se requiere paciencia para investigar bien cada paso a dar.

La capacidad para seguir de cerca los análisis técnicos, pasa a estar en un enfoque prioritario, porque las características usuales de este medio es un amplio volumen de operaciones, enfrenta también una baja capitalización del mercado, y es esencial el impacto de las redes sociales sobre estos movimientos.

- **Cómo elegir invertir a corto o largo plazo en criptomonedas**

Para determinar si es más conveniente elegir una inversión a corto o largo plazo, no existe una fórmula mágica, sino que depende directamente sobre el tipo de objetivos que poseas, además de la experiencia previa sobre el mundo de las criptomonedas, por ello cuando se trata de la planeación de un proyecto, lo más conveniente es pensar a largo plazo.

En cambio cuando se basa de una visión o seguimiento por nuevas cripto en el mercado, eso combina mucho más con una inversión a corto plazo, aunque es un camino más arriesgado, pero no dejan de ser buenas ideas para obtener ingresos, porque no hay duda alguna sobre el potencial de las criptomonedas para generar dinero.

El detalle que prevalece sobre cualquier camino, es que se puede perder dinero, es un mundo que no posee ninguna norma escrita, no hay manera de prever a ciencia cierta los movimientos, la única premisa clave es invertir dinero que no tengas miedo a perder, eso es lo que se debe tener en mente.

Lo que debes evitar al invertir en criptomonedas

Ante un mundo moderno donde cada persona se mantiene de forma activa hablando, y utilizando criptomonedas, se establece como un tipo de libertad financiera que no se debe dejar pasar, por ello vale la pena formarse sobre este ámbito, sin dejar pasar ciertos errores que se cometen a diario sobre una gran variedad de plataformas.

Pero lo importante es que dentro del aprendizaje no se pierda de vista la monetización de cada acción, de ese modo no se pierde dinero bajo esa planeación, porque como indica Warrent Buffett, la regla número 1 es, no perder dinero, y la regla número 2, es no olvidar la primera regla, esa es una premisa de mantener el realismo.

- **No invertir en el primer sitio que encuentres**

Es muy sencillo perder dinero al invertir sin identificar la seguridad, el sector de criptomonedas dispone de una gran cantidad de sitios web, por este motivo un aspecto a proteger es la licencia para operar libremente con cada función, es un detalle sobre el cual no equivocarse, sino todo se pierde por completo.

Una vez que las criptomonedas se han impuesto como moda, se genera una gran brecha para que los estafadores puedan aprovechar con mensajes falsos, es un impulso que se busca contagiar sobre los usuarios con poca información, y no debes caer en esta clase de trampa, sin importar el tipo de cantidad que vayas a depositar.

Para dejar a un lado estos problemas, es crucial buscar una inversión mucho más segura, causando que seas parte de un negocio totalmente lícito, y no busques huir al tema de las comisiones, pero lo esencial es que tu dinero no pueda desaparecer, porque en vez de ir a tu wallet, vaya al creador del sitio web.

Además de anuncios, también muchas llamadas telefónicas se pueden utilizar para promover sitios web, y compras de criptomonedas, cuando al final son una estafa, ese tipo de porcentajes de estafas se puede hacer a un lado con un rol escepticismo, el control es útil para no realizar compras impulsivas que se lamenten.

- **Invierte en un curso para aprender de criptomonedas**

Para que los pasos dentro del mundo de las criptomonedas puedan ser fiables, es vital invertir en ti mismo, nunca está de más, cada información al final la puedes usar para generar más dinero, cada decisión que ponga en riesgo tu dinero, necesita de un alto grado de conciencia, de lo contrario notas que los demás tienen éxito y tú no.

Ignorar el tema del aprendizaje, o tratar de avanzar por tu cuenta, solo causa que pierdas mucho tiempo, y en temas de inversión esto no se estima como rentable, por ello mientras domines cada conocimiento que necesitas, podrás encaminarte hacia una resolución eficaz de resultados provechosos.

Pero no puede tratarse de una capacitación cualquiera, te debes fijar en cursos que sean ratificados, y que los ponentes puedan demostrar sus resultados, lo esencial es que te mantengas aprendiendo de forma constante, eludiendo también que esas alternativas de aprendizaje se queden con tu dinero.

En lugar de buscar algún método de aprendizaje que solo te indique lo que tu deseas escuchar, es mejor un medio que sea un reto para ti, a esto se suma eludir esas propagandas engañosas donde te enseñan a multiplicar tu dinero de manera rápida.

- **Evitar comprar ante previsiones sin fundamento**

Cuando se involucran los sentimientos en el tema de comprar e invertir en criptomonedas, el resultado termina siendo negativo, por ello muchas veces en un mercado se anuncian buenos momentos o predicciones para invertir, pero solo son posturas que buscan aprovecharse de la codicia de los usuarios.

Es sencillo atraer personas cuando se imparten conceptos, como aquellos que indican que alguna criptomoneda va a subir sin parar, ya que puede resultar dinero fácil, pero en realidad es un camino fácil, y el mercado quizás esté buscando generar esos movimientos para verse beneficiado ante la compra y venta del activo.

Cada mercado de inversión posee su burbuja de alza, como también una baja donde se puede perder dinero fácilmente, por ese motivo siempre se debe tener cuidado ante cada estimación o situación, sobre todo cuando no se puede predecir el futuro, el valor es imposible de controlar a ciencia cierta, por encima de cualquier promesa.

- **No elijas préstamos como impulso para invertir en criptomonedas**

Una norma clásica a seguir bajo los movimiento o medidas de inversión, es no invertir aquello que puedas necesitar en el futuro, por ese motivo, endeudarse no es recomendable para formar parte del movimiento de las criptomonedas, de lo contrario los resultados pueden ser fatales, más allá de que la criptomoneda sea muy prometedora.

Pensar en que se va a ganar más dinero, y buscar un préstamo para alcanzar la inversión, no es lo más positivo, ya que si la jugada o elección sale mal, no se podrá pagar el préstamo, habrás ganado una deuda, esto en cada caso, varía, porque puede salir bien y saldar el dinero pendiente, o empeorar la situación por completo.

- **No comprar a bajo precio esperando que suban y hacerse millonario**

En medio del mercado se encuentran una gran cantidad de criptomonedas que no son muy concidas, estas se eligen sin indagar simplemente por su valor, para mantener una inversión a largo plazo hasta que aumenten, pero no es una regla a tomar en cuenta, porque no todas las criptomonedas aumenta de la misma forma o alcanzan un valor óptimo.

Cada una puede resultar rentable al inicio, pero luego cambia toda la dinámica, para evitar esto, hace falta saber qué hay detrás de la criptomoneda, sobre todo cuando no ha transcurrido mucho tiempo de su lanzamiento, además lo más probable a esperar aunque aumenten un 10%, en lugar de tener aspiraciones que aumente 10 veces más.

- **No comprar sin medida alguna**

Estar operando a ciegas, con una toma de decisiones sin conocimiento, es un grave error, sobre todo partiendo desde la estadística de que más de 485 empresas del mundo desaparecen en un año, sobre todo cuando es gesta algún efecto burbuja, lo cual es frecuente con la salida diaria de criptomonedas.

Comprar criptomonedas sin sentido, no genera ningún tipo de garantía, porque lo más usual es que esa inversión no llegue a ningún punto productivo, sin olvidar que algunas de estas monedas virtuales están basadas en una estafa, por ello el estudio sobre sus creadores es la mejor protección para no dejarse llevar.

- **No inviertas sin saber lo que haces**

Para que no pierdas dinero, es fundamental estudiar y comprender lo que haces, no importa si alguien más te aconseja comprar, o si te llaman, lo vital es dedicarse a cada información financiera, y a seguir las opciones de la plataforma con la que se opere, para actuar de esa forma, hace falta mucha preparación.

Consejos sobre la inversión en criptomonedas

La toma de decisiones en medio de la inversión en criptomoneda cumple un rol clave para llegar lejos en este medio, aunque para tener éxito en este medio también se involucra la acción o el efecto de distintos factores, uno de ellos es la disciplina, la confianza, y el uso de herramientas de gestión de riesgo.

Al estar al pendiente de este tipo de detalles que son subestimados, se puede sacar provecho de la potencialidad que forma parte de las criptomonedas, para llegar a un nivel óptimo, necesitas desarrollar las siguientes acciones:

1. **Investigue sobre las monedas**

La información que se posea sobre las criptomonedas es determinante, mientras más detalles se puedan conocer, termina siendo mucho mejor para el inversor, se requiere disponer tiempo para llegar a documentarse lo suficiente, además cada novedad de la tecnología blockhain también es útil, sin perder de vista las tendencias de mercados financieros.

Entender cada aspecto sobre la criptomoneda que se está operando es fundamental, para llegar a ese nivel, se debe mantener una investigación continua, ya que los mercados evolucionan cada vez más rápido, y tras cada evento, imponen una respuesta o movimiento, así que se trata de una formación de desarrollo técnico.

2. **Diseña un plan de trading**

Conformar un plan de trading, se basa en un estudio integral donde se reflejan las operaciones, a esto se suman los detalles de respuesta ante los riesgos, además de los objetivos que se persiguen desde el inicio, de ese modo se puede elegir entre una estrategia y otra, sin olvidar establecer reglas de gestión del riesgo.

En medio de esta planificación, también se pueden establecer los detalles acerca de un mercado, de esa forma se puede operar con mayor soltura, es un desarrollo constante de habilidades, para tener una visión apegada a las incidencias del mercado.

3. **Entrena trading**

Para ganar experiencia sobre la inversión en criptomoneda, no hay nada más satisfactorio que llevar a cabo un entrenamiento, se puede empezar por medio de una cuenta demo, para que se llegue a aprender cada opción, cada lectura que posee la plataforma, además esto ayuda a moldear el plan de trading, es una puesta a prueba de los detalles.

Luego cuando se pueda avanzar sobre el trading, será momento de pasar a una cuenta real, de igual manera en línea se imparten cursos, y seminarios que ayudan al desarrollo de habilidades trading.

4. Emplea estrategias y herramientas para la gestión de riesgo

Una de las medidas más usuales para ejercer la gestión de riesgo, es calcular el ratio establecido entre el riesgo-beneficio, esto quiere decir que antes de plantearse alguna operación, es esencial evaluar si vale la pena correr ese riesgo, a cambio de alcanzar ese beneficio potencial, se basa en tener presente la cantidad de la pérdida potencial

El ratio que se elija, depende del nivel de riesgo que se está dispuesto a operar o retar, son básicamente circunstancias personales, como también el tipo de estrategia que se esté ejecutando, de igual manera es un tema que se puede investigar a profundidad.

5. Emplea stops y límites

El uso de stops es de gran utilidad, ya que ayuda a cerrar de manera automática una operación en caso de que el precio posea un movimiento en contra, para ello se deben establecer ciertos importes, existen algunos básicos que son gratuitos, los cuales se cierran al fijar un precio peor que el solicitado en el mercado o si se presentan huecos.

Además de los stops básicos, también existen los garantizados, siendo una gran ayuda para cerrar operaciones, estos siguen el nivel exacto del límite que se establezca, pero por el uso del mismo, se debe pagar una prima, y por otro lado están los stops dinámicos, donde se siguen movimientos positivos, pero no son garantizados ante cambios rápidos.

6. Manténgase disciplinado

En toda clase de operación con criptomonedas, es vital demostrar un alto nivel de disciplina, cada paso requiere estar alineado con el plan elegido, de ese modo se puede eludir caer alguna trampa, es un enfoque útil en todos los sentidos para que las emociones no se puedan apoderar de algún paso a realizar.

Lo que más vale es tener un seguimiento de una visión ganadora, para que las operaciones sean asumidas con responsabilidad, lo importante es que se pueda conservar esa calidad de orientación sobre las operaciones.

Cómo funcionan las estrategias de trading en criptomonedas

En líneas generales se cree que la aplicación de una estrategia de trading, produce efecto sin preocupación alguna sobre su forma de actuación o funcionamiento, pero la verdad es que se pueden aplicar de manera manual, semi automática, e incluso las automatizadas por completo, todo depende del tipo de preferencia de cada inversionista.

En el caso de tratarse de una estrategia manual, las operaciones se llevan a cabo con una metodología de entrada y salida, y los resultados son arrojados por medio de la plataforma mientras que las semiautomáticas utilizan plataformas similares a tradingview, donde se emiten alertas de compras y ventas, todo se pragana, hasta los indicadores.

Aunque las acciones de intercambio, se deben realizar por medio del inversionista, hasta que en último lugar se encuentran las operaciones automatizadas, se basa en una actuación de la tecnología al 100%, causando que las señales de entrada y salida del mercado se producen por medio de unos bots, siguiendo las reglas justas para abrir y cerrar operaciones.

Componentes de una estrategia de trading para criptomonedas

Para que una estrategia de trading pueda llevarse a cabo, entra en juego una forma de operar, bajo el apoyo de distintos elementos, tal como se representa el uso de indicadores técnicos, ese modo apropiado de leer cada movimiento del mercado, es esencial ir aprendiendo a trabajar con estos elementos para ganar claridad en el trading y tener éxito.

1. Plataforma de Charts

Este medio es ideal para entrar en contacto con los indicadores, cualquier tipo de estrategia se puede ver reflejada o manifestada sobre este espacio, además de todo permite programar algunos indicadores personales, por ello cobra mayor importancia considerar estos sitios web, solo se debe crear una cuenta, para utilizar y aprender cada herramienta.

2. Indicadores técnicos

Cualquier clase de estrategia, utiliza entre 1 y 3 indicadores, estos funcionan principalmente para seguir de cerca las señales de trading, además siempre se cuenta con un indicador para filtrar los errores que se presenten.

3. Seteos

Los indicadores poseen sets, cada uno cuenta con su propia configuración, no se puede comparar la operación con un solo indicador, a utilizar toda una serie de indicadores técnicos que se encuentran encadenados.

4. Alertas

Al momento de desarrollar alguna operación, es clave que no se pierda de vista ningún detalle, por ello la mayoría de las estrategias deben disponer de avisos para realizar alguna compra o venta.

5. Niveles y señales

Toda clase de modelo de estrategia, requiere una entrega de señales que no se puedan confundir, para tener un seguimiento efectivo de la entrada y salida del mercado, esta es una manera para proteger las operaciones ante la manifestación de pérdidas, esto también posee gran utilidad para las salidas graduales.

Cada uno de estos componentes son esenciales para tener un análisis preciso, la operación debe ser lo más impecable posible, pero en todo momento se pueden ajustar a tus objetivos para desarrollar una mayor eficacia en la actuación como inversionista.

Cómo comprar criptomonedas

Las principales formas para comprar criptomonedas, es en primer lugar bajo una compra o por medio de la minería, la primera es una de las más practicadas, en cambio la segunda se refiere a un modo mucho más accesible, en cambio la segunda es un alcance de un mayor nivel de rentabilidad.

La compra de estas monedas virtuales, no es alejado a la inversión de materias primas, la distinción se encuentra sobre la plataforma, y en la actualidad existen una gran cantidad de sitios web especializados en esta función, pero esto posee distintas clasificaciones según su manejo o desarrollo de opciones en el mercado.

En el caso de monederos de criptomonedas, surge un abanico de opciones que proporciona otra clase de funcionamiento y seguridad, según la mejor clasificación sobre estos dos elementos, se ordenan las siguientes alternativas:

- **Carteras frías**

Corresponde con un hardware, es decir un dispositivo físico a través del cual se almacenan las monedas, funge como una gran protección ante los robos, pero es complejo al momento de realizar ciertas transacciones.

- **Aplicaciones de cartera**

Se trata de un software que ejerce una simulación como cartera, su acceso se desarrolla por medio de la descarga de su programa sobre la computadora, de esa forma se explotan cada una de las alternativas del mercado.

- **Carteras en línea**

Es un modelo extendido en la actualidad, el modo de acceso hacia las mismas se desarrolla vía online, solo hace falta una simple conexión a internet, no es necesario llevar a cabo alguna descarga, la ventaja de esta elección es poder realizar transacciones sin complicación alguna.

- **Casas de cambio**

Corresponde con un banco de criptomonedas, el funcionamiento que proveen tiene que ver con un bróker, es una manera sencilla para comprar y al mismo tiempo vender criptodivisas.

Cómo minar criptomonedas

Es una segunda forma para invertir en criptomonedas, y se lleva a cabo al ser parte de un grupo de personas que resuelven algoritmos matemáticos, para que se puedan obtener fragmentos acerca de la moneda digital que se están minando, esto hace pensar cómo se realiza este proceso, y qué hace falta para llegar a ese nivel.

Lo primero que se necesita para minar criptomonedas es una computadora, y cuando se busca un nivel más especializado, es necesario implementar una máquina especial, a esto se adhiere la consideración del valor que posea la moneda digital que se pretende minar, ya que esa es la exigencia de la potencia de la máquina.

Es esencial estimar que durante estas operaciones existe una gran exigencia de consumo de electricidad, esto se debe gracias a que existe una gran cantidad de personas minando, lo cual reta la potencialidad de las máquinas, a esto se suma la estimación de rentabilidad, ya que si estos gastos superan lo que ganas, no tiene sentido seguir esta línea.

Pero con el tiempo se presentan diversas alternativas para minar criptomonedas, esto se conoce como minería en la nube, lo que se hace es contratar una mayor potencia de minado sobre una granja de minado, cuando se gane un alto nivel de potencia, mayor serán las ganancias obtenidas.

Por este motivo, en lugar de enfocarse en tener equipo especializado en tus instalaciones, solo debes pagar por algunas que estén en otra ubicación, pero el rendimiento es menor, para esto existen empresas como Cloud Mining, donde se cede la potencia de minado.

La rentabilidad de minar criptomonedas

Pensar en minar criptomonedas, no solo hace pensar en una dedicación de tiempo, sino como se mencionó anteriormente, todo depende de la cantidad de equipo necesario, por ello antes de hacerlo, las siguientes estimaciones son claves como:

-El equipo e inversión por el mismo.

-El nivel de competencia en el mercado.

-Precio o valor del consumo, para sostener una conexión que permita minar.

-La refrigeración necesaria para que los equipos funcionen.

En base a estas variables es que puedes tomar una decisión, como también una comparación sobre el nivel de rentabilidad que posee esta opción, pero es una de las segundadas medidas más adoptadas después del trading, por ello vale la pena estudiar las posibilidades correspondientes para dar el paso apropiado.

Las mejores estrategias de trading de criptomonedas

La gran cantidad de criptomonedas, son un tentación para intentar generar dinero al invertir en alguna de estas, es una oportunidad amplía hasta para tener acciones de Apple, o sobre Amazon, siendo de las acciones más importantes que están disponibles en este mercado, ante tanta variedad, aumenta de importancia la decisión de cada inversor.

Por ese motivo, todo se basa en descubrir la criptomoneda adecuada para invertir, y la mejor estrategia que puede facilitar esa inversión, por ello para aumentar tus posibilidades de éxito sobre estos pasos de inversión, estos trucos son similares a los que se aplican en la especulación con Forex, futuros, acciones y otra clase de mercados.

Estas estrategias llevan a cabo un método sencillo, a medida que se prueben, se puede elegir la que funcione mejor, sin olvidar mantener una investigación cercana a las tendencias, para que se pueda operar de manera adecuada, por ello los siguientes pasos son muy conocidos y seguros para implementar.

1. Estrategia de comprar y sostener

Este tipo de actuación en el mundo de criptomonedas, se basa en una acumulación de criptomonedas, tratando de que sean adquiridas en un precio bajo, es un modo de conformar un proyecto para invertir en algún activo que se pueda acumular al haber disminuido su valor, lo cual sucede porque los traders retiran parte de su inversión.

Esta clase de postura requiere de confianza para permanecer sobre ese activo, hasta que su valor mejore, lo recomendable es elegir criptomonedas con las que se haya experimentado de forma previa, sin pasar por alto que las razones de la caída de un activo, se debe al movimiento de los exchanges, pero se debe tener cuidado.

Esta clase de inversión puede llegar a ser rentable, a medida que se estudia el rendimiento de la criptomoneda que se tenga en mente para aplicar esta estrategia, porque no todas poseen un rendimiento alto, sino que son un medio para ganar dinero de forma rápida, por ello detrás de cada proyecto debe ir una investigación minuciosa.

2. Estrategias de rompimiento

Al momento de operar con criptomonedas, se puede ejecutar este tipo de estrategia, siendo una de las que genera un margen de beneficios altos, siempre y cuando se apliquen las acciones correctas, esta opción se lleva a cabo en distintos mercados, porque se desarrolla tras las criptomonedas que están en etapas iniciales en medio de una tendencia.

La ruptura se gestiona por medio de un concepto que es comprensible por principiantes, como también por expertos, donde el operador se mantiene buscando puntos de entrada, estos se conocen como aquellos en los que el precio se encuentra a punto de entrar en movimientos de rupturas, ya sea sobre zonas de soporte y resistencia que van a otra dirección.

En el mundo de las criptomonedas, se genera una espera o expectativa del precio, para que pueda romper el alza con una resistencia importante, de ese modo se puede abrir una posición de compra a la baja de algún soporte conocido como base, eso es lo que causa que se pueda abrir una posición de venta.

La apuesta dentro de esta estrategia, se centra sobre la ruptura, como una preeminencia de la resistencia, hasta que se espere que el precio pueda descender hacia la resistencia, lo cual causa que se convierta en un soporte, por la espera próxima de rebote de alza, buscando que el precio esté cerca de la zona de soporte, para que crezca la volatilidad.

La situación anterior, sólo significa que los precios se van a mantener en una dirección de ruptura, para cada topo de ruptura, se toma en consideración la volatilidad futura, de ese modo aumenta la consideración del precio, con patrones de precio de doble alto, triple alto, hombro-cabeza-hombro, banderas y los triángulos, como formación de precio.

3. Estrategias de seguimiento de tendencias

Un principio básico que origina este tipo de estrategia, es tener en cuenta que todos los mercados poseen una tendencia alcista y bajista, durante el 30% del tiempo, lo mismo pasa en el mundo de las criptomonedas, por ello aplicar una estrategia de seguimiento de tendencia es efectiva, y con un resultado rentable.

A medida que un operador pueda entrar e involucrarse con una tendencia a largo plazo, se producen resultados positivos, alguna tendencia de un mercado, puede conservar su efecto durante días, semanas, meses y años, por ese motivo, esta clase de operaciones pueden representar un nivel de escala importante.

Esta clase de estrategias, se desarrolla mediante el estudio de tendencias, ya que se pueden clasificar, hasta que el precio se encuentre en retroceso, para permitir que puedas entrar a invertir, sobre todo disfrutando o aprovechando de precios de compra y venta de oportunidad, a medida que estén cerca de los máximos y mínimos de mercado.

Aunque se deben cuidar los niveles peligrosos, ya que existe un riesgo enorme ante los retrocesos repentinos, pero en líneas generales esta práctica es muy ventajosa, para desarrollar estas ideas, existen una gran cantidad de sistemas trading, sobre todo para operar en Forex, y tienen un margen de éxito esencial.

Pero al aplicar sistemas de trading en el plano de las criptomonedas, se debe tomar en cuenta su cualidad volátil, sin dejar a un lado las oscilaciones, por ello puede ser tardío encontrar el momento apropiado para ingresar al mercado, esos movimientos son fuertes, y pueden demostrar una falsa ilusión de la tendencia.

Las señales falsas son aspectos a combatir dentro de esta estrategia, esto sucede por el movimiento del mercado con rango de precios, en este punto entra en juego el factor mental, porque es vita tolerar ciertas operaciones perdedoras, hasta que se pueda gestar la operación esperada que persiga una tendencia fuerte.

4. Estrategia de promediado de costo en dólares

Esta estrategia no requiere de tanta investigación, ni lleva mucho tiempo llevarla a cabo, se trata de comprar una cantidad determinada de una criptomoneda, se utilizan distintos intervalos, va de la mano a medida que el precio se mueva hacia arriba o hacia abajo, esos intervalos normalmente se establecen en función de meses.

Ese tipo de precio seleccionado de compra, se puede promediar y es un punto de precio que es muy alto o muy bajo, y debe originar el resultado de ganancias como si se hubiera comprado una suma global en un mismo intervalo de tiempo, es un escenario que conlleva de mucha lógica.

El ejemplo práctico para entenderlo, es invertir $1000 en Bitcoin, pero en lugar de hacerlo de una vez en una misma operación, se realiza un gasto de $200 el primer día de cada mes, de ese modo se puede participar dentro de la compra durante 5 meses, siendo un gasto total de $1000, pero la compra del Bitcoin se promedia tras esos 5 precios.

Esto ayuda a que el inversor pueda comprar la criptomoneda a menor precio, por haber aprovechado los meses en los que disminuyo su precio, esto tiene que ver con un análisis de la evolución del precio de compra al cual se ha tenido acceso, de ese modo se puede implementar un análisis técnico, para garantizar que el promedio se haya realizado bien.

Para decidirse por alguna criptomoneda, es importante revisar el historial de precio durante 3 o 6 meses anteriores, esto ayuda a tener seguridad de que la criptomoneda cuenta con opciones de recuperación, para ello es vital elegir activos con un gran periodo de existencia tales como BTC, LTC, NEO, OMG, entre otras.

En medio de esta estrategia se debe evitar seleccionar a las monedas que se encuentran en caída libre, mucho menos que no exista historial de recuperación, ya que dejaría de ser rentable decantarse por esa alternativa, porque no cuenta con un alcance de precio de superación de máximo anteriores.

5. **Estrategia de cartera equilibrada**

Cuando se busca realizar un tipo de inversión con equilibrio de por medio, vale la pena considerar esta estrategia, la cual se pone en marcha por medio de la compra de distintas criptomonedas, para buscar disponer de una cartera mucho más equilibrada, es decir se puede pensar en invertir en más de 3 tipos de criptomonedas.

Al disponer de un presupuesto por ejemplo de $10000, se puede destinar $2000 para cada criptomoneda, para que sea un tipo de inversión equitativa, repartiendo también el tipo de riesgo que se corre con estas acciones financieras, de ese modo se prueba la rentabilidad de cada una, despejando cualquier clase de duda.

Esta vía, ayuda a determinar qué clase de criptomoneda posee mayor probabilidad de éxito, de ese modo, en la próxima inversión, se puede apostar únicamente por dos opciones al probar sus movimientos, usando como base de decisión el tipo de ganancia que generaron.

Aunque los problemas usuales de esta estrategia des que si existe un 10% de ganancia en alguna criptomoneda, queda reducido por las pérdidas que se obtenga sobre las otras opciones, pero esto también puede cambiar a favor, contar con más resultados que positivos, es una distribución de riesgos.

El mejor consejo para aprovechar al máximo esta estrategia, es invertir en criptomonedas que estén ancladas a distintas utilidades, ya sea una moneda dedicada al capital, otras a la seguridad, y así sucesivamente.

6. Estrategia de cartera desequilibrada

Este tipo de inversión se debe a la selección de una serie de criptomonedas sobre las cuales se desee invertir, luego al tener esa idea clara, se procede a asignar un porcentaje de inversión distinto para cada una, la diferencia entre uno y otro, tiene que ver con el valor que le otorgue el inversor.

Para las criptomonedas que posean un rendimiento alto, se dedica un porcentaje de inversión más alto, para ello hay que pensar en la que demuestre mayor rentabilidad, de ese modo merece que se invierta un poco más, causando que la cartera se exponga con un desbalance, siguiendo el instinto y las investigaciones realizadas.

Los porcentajes se determinan, y se usan sobre cada compra de criptomoneda, a menos que los resultados indiquen alguna variación de porcentaje, esta estrategia es ideal para los que aman investigar cada aspecto sobre las criptomonedas, es importante que cada porcentaje esté justificado sobre un motivo arrojado por la investigación.

Cómo operar en la inversión de criptomonedas

La inversión en criptomonedas, se desarrolla sobre una gran cantidad de plataformas, es importa seleccionar algún sitio que sea de confianza y reconocimiento, los más demandados en la actualidad es Coinbase y Binance, en cualquier sitio elegido, se deben desarrollar los siguientes pasos:

1. **Elegir una wallet:** Piensa en un tipo de billetera que se ajuste a tus propósitos, las que poseen una mejor valoración es Trezor, Ledger y Nano S.
2. **Ingresa a la plataforma de intercambio:** Una vez seleccionada la plataforma que se usara como Exchange, es momento de realizar la operación.
3. **Selecciona la cripto:** La cripto que deseas comprar, debes ubicarla sobre la plataforma para realizar el seguimiento respectivo.
4. **Verifica antes:** Es importante que antes de cada operación se pueda consultar cada aspecto, es vital confirmar la cantidad, y mantener la actualización de los anuncios de compra.

5. **Realiza el pago:** Una vez esté todo correcto, cumple con el pago desde tu wallet, para que en unos minutos puedas contar con la cantidad seleccionada.

Estas son las acciones sencillas para realizar la inversión en el mundo cripto, aunque se pueden complementar estos pasos con plataformas que llevan a cabo transacciones de forma rápida, y en cuanto al detalle del método del pago, según el que poseas, puedes elegir una plataforma compatible con ello.

Las estrategias de inversión de criptomonedas más usadas en 2021

Mientras se puedan conocer más estrategias o métodos para operar con criptomonedas, en ese mismo sentido se obtiene éxito, por ello una buena forma de aprender sobre este mundo, es siguiendo las estrategias que mayor aplicación están teniendo, además de tomar en cuenta las condiciones del mercado y aprender sobre indicadores.

- **Promedio de costos dólares (DCA)**

Tal como fue explicada anteriormente esta estrategia, se trata de una de las más elegidas en el mundo de criptomonedas, porque se basa en compras regulares estas acciones conllevan a generar una acumulación, donde se busca realizar un cronometro de los movimientos del mercado, hasta esperar el modo apropiado.

Estas opciones deben mantener una gran vigilancia del nivel de volatilidad que existe en el mercado, para que a lo largo del tiempo se pueda medir cuánto habría ganado la gestión de ese tipo de compra parcial.

- **Análisis fundamental**

El análisis fundamental se aplica como una búsqueda del valor, ese valor que forma parte de las compañías, se puede estimar para conocer cuánto se puede apostar por una acción, es una estimación que ayuda a determinar si el precio actual por una acción, está muy por debajo de su potencial o por encima, ofrece una mejor lectura del mercado.

Al observar los números financieros de una empresa, ya sea ventas, margen de ganancias u otros, se puede tomar una decisión adecuada, porque se estudia el tipo de mercado disponible, la competencia que enfrente el negocio, esto se asemeja con el seguimiento de las criptomonedas, por ello detrás de las mismas se encuentran negocios.

Esa estructura financiera de una criptomoneda debe ser considerada, por ello cuando se trata de practicar este análisis sobre una criptomoneda, se requiere un gran nivel de documentación, porque eso ayuda a saber qué clase de activo es, y ante todo si posee una demanda detrás del mismo.

Lo ideal es que mientras haya mayor transparencia sobre la criptomoneda, mejores decisiones se pueden tomar, aunque este estudio se ha vuelto más profundo, hasta tomar en cuenta la estructura de la red y el tipo de recompensas por participar sobre la misma, pero lo básico es seguir el precio actual, la oferta que circula y la capitalización.

El precio actual, se refiere a un elemento sencillo de tomar en cuenta, por ser el valor a través del cual se negocia, esto cambia dependiendo del tipo del Exchange, lo mejor es consultar de forma previa un sitio globalizado como coinmarketcap.com de ese modo se obtiene un gran promedio sobre las plataformas de intercambio.

El suministro circulante, se trata de la cantidad de criptomonedas que se encuentran en plena comercialización, por otro lado, esto también representa el suministro total que está disponible sobre un criptoactivo, pero mayormente es la cantidad que circula en el mercado, esa es una distinción a considerar porque causa confusión.

La capitalización de mercado, es parte del precio actual que se multiplica por la oferta total, este elemento siempre se observa, porque lo esencial es conseguir monedas que puedan ser baratas, ese es un espacio de crecimiento a considerar, pero quizás luego no haya tanta alza como esperas, por ese motivo hay que observar cada detalle.

- **Dirigencias de RSI**

Se basa en el índice de fuerza relativa (RSI), siendo un indicado que no se puede pasar por alto, porque posee un respaldo del impulso o el movimiento de compra y venta en el mercado, esto demanda que exista un análisis de la acción más reciente que tenga que ver con el precio, y se normaliza el precio con una escala del 0 al 100.

En ocasiones cuando el valor es bajo, es decir que esté inferior a 30, se entiende como un mercado sobrevendido, y cuando está alto, o sea que sea superior a 70, se clasifica como sobrecompra, estas medidas indican un cambio de precio, por ello es importante tomar en cuenta el rol del RSI, ya que se puede ubicar en un extremo o en otro.

- **Trading de rupturas**

Una estrategia popular mencionada anteriormente es el breakout Trading, donde se considera bajo una función especial a las ideas de soporte, resistencia y canales, estas al mismo tiempo dependen de otras métricas, estas actúan sobre la acción del precio, lo cual ayuda a comprender si lo siguiente es una medida de estancamiento o cambio.

El soporte se emplea como un concepto que pertenece al área que está debajo del precio actual, así como también la resistencia, que se estima como un término cuando se encuentra por encima el precio, esa línea es generada por la acción de distintos elementos como acción histórica de precio, niveles psicológicos, líneas de tendencia y mucho más.

- **Trading con apalancamiento**

El trading con apalancamiento se trata de una de las medidas más exitosas, aunque es de las acciones que mayor nivel de riesgos enfrenta, es un tipo de trading que se desarrolla con posiciones de gran tamaño, por ello es para usuarios que posean recursos o capital para llevar a cabo esta medida.

Esta es una forma de negocio que se genera por medio del apalancamiento, ya que se basa en una medida de pedir prestado, eso significa que si deseas comprar 800 dólares en Bitcoin porque se tiene una idea de que aumentará, pero solo posees 200 dólares, lo restante se puede solicitar al Exchange, para que coloque el resto y los 200 sean una garantía.

Al concluir la operación, se deben devolver los dólares conseguidos como préstamo, pero se conserva la ganancia, es un modo de multiplicar ganancias, pero que también eleva los riesgos hacia otro sentido, porque se puede perder dinero de forma muy rápida, por ellos los Exchange solicitan una reserva como garantía.

De este modo se postulan estas estrategias que poseen un gran uso en la actualidad, porque son los métodos que están rindiendo resultados, y que además de todo se presentan como los más rentables según los usuarios.

Cómo se emplea el apalancamiento sobre la inversión

El apalancamiento es una relación directa entre el capital personal junto con el crédito, esto es impuesto sobre lo que se invierte en una operación, donde el inversor solo debe ocuparse del concepto de garantía, para tener acceso a esa cantidad de fondos, lo cual permite ser parte de posiciones de mayor tamaño.

Hacer trading bajo esta modalidad, se genera una gran apertura hacia volúmenes de gran tamaño, por medio de un requerimiento bajo, ante algunos objetivos elevados, es imposible que cuentes con beneficios sin optar por esta medida, sobre todo cuando no cuentas con un capital para afrontar las operaciones.

El apalancamiento puede ser visto como una gran oportunidad, pero se puede convertir en un arma de doble filo, porque el riesgo aumenta al usar este tipo de vía al momento de pensar en ser parte del mundo de criptomonedas bajo grandes cantidades, todo depende del tipo de acierto que se posea.

Para utilizarlo, debes disponer de gran conciencia, pero el mejor indicador para tomar decisiones es implementar una gestión de riesgos, de ese modo se soportan los movimientos en contra, por ello el enfoque necesita estar concentrado sobre una visión realista, los brókers fijan un límite de apalancamiento, según el instrumento de inversión.

La forma inteligente de usar el apalancamiento sobre las operaciones, es conocer la cantidad de bróker que abre paso a una cantidad estimable para tus objetivos, donde resalta Bróker XTB, Bróker Plus 500, Bróker ActivTrades, y muchos más que se postulan con un nivel de atractivo a considerar.

Pasos para hacer trading de criptomonedas

Antes de comenzar a hacer trading de criptomonedas para generar ingresos, es mejor aplicar un orden lógico para que se pueda alcanzar el éxito a nivel financiero, seguir los conceptos es clave a una escala de principiantes, para ir ganando confianza con cada paso a realizar:

1. Elige una plataforma

Pensar en una plataforma, es asegurarse de que posea regulación legal, ya que esto funciona como una protección para operar con mayor comodidad, es vital utilizar aquellos que posean licencia para que tu dinero esté seguro.

2. Establece el límite de riesgo

La gestión y tolerancia de riesgos es un límite que ayuda a no perder los objetivos trazados, mucho menos se pierde tanto dinero, por ello si prefieres disponer de apalancamiento u otra preferencia que genere seguridad, es esencial tener una lectura de reacción.

3. Determina el capital de inversión

Cada aspecto de las finanzas merece estar organizado, para que las inversiones puedan tener una finalidad y un cuidado óptimo, buscando que se alcance el balance más positivo posible, aunque cuando dispones de alto capital, mayor oportunidad de conformar una mejor estrategia.

4. Conforma un portafolio

Esto tiene que ver directamente con el capital, ya que cuando los números funcionan como un gran apoyo, tus aspiraciones por duplicar los ingresos, se convierten en acciones más versátiles, por ello puedes contar con un portafolio, donde se tracen cada una de las inversiones a realizar.

5. Imposición de topes de pérdida y beneficios

El azar no es un gran aliado para operar en trading las criptomonedas, por ello es esencial imponer topes que puedan usarse como una guía para controlar las pérdidas e ir en búsqueda de beneficios.

6. Aplica todas las herramientas de aprendizaje

El aprendizaje sobre las criptomonedas no se detiene, sobre todo en lo que respecta al análisis técnico de precios, cada nueva tendencia es un modo de crear una estrategia efectiva que sean consistentes.

7. A la alza o a la baja

Es esencial tener una postura de expectativa, si se estará a la alza como una espera de que una criptomoneda aumente o bajo operaciones cortas, eso ayuda a saber si se opera a largo o corto plazo.

8. Atención sobre las noticias

En el mundo de las criptomonedas, influye el aspecto social y financiero, esa es una ventaja para enfocarse hacia esos operadores, es una apariencia de la situación actual que vive el mrecado.

Trucos para ser parte del trading

La recopilación de los trucos para el trading, funcionan como una guía misma, aunque no hay un camino milagroso, estas estimaciones son de gran utilidad, ya que son puntos clave que muchos traders se imponen como una norma, y evita que se puedan cometer errores comunes, por ello al conocerlos, aumentan tu capacidad como inversor.

Estos trucos se pueden seguir sobre el trading, como también sobre otra clase de instrumento financiero, ya sean los mercados de divisas, acciones, forex, materias primas y mucho más, se pueden orientar hacia los aspectos que más necesitas para generar ingresos, sin olvidar que la actitud es un elemento clave.

- El trading de criptomonedas implica tomarse cada proceso en serio, porque se trata de un negocio mismo, por ello no debe ser una relación.
- Las emociones quedan a un lado cuando se trata de tomar decisiones relacionadas con las criptomonedas, ya que tanto la codicia como el miedo son malos consejeros, y el éxito depende de tener controlados ciertos aspectos psicológicos.
- La inversión en criptomonedas en un proceso que requiere de paciencia, no se puede pensar en hacerse millonario en una sola operación, o también sobre una fecha puntual.
- Las expectativas dentro del trading, deben ser sumamente realistas, de lo contrario no vas a avanzar.
- El pesimismo tampoco es una ayuda sobre el trading, el éxito es posible con práctica, análisis, y no dejar de

aprender, porque las criptomonedas poseen una tendencia de escalada e innovación muy sorprendente, no hay motivo para abandonar esa formación de ingresos sin luchas.

- La lectura es un recurso esencial durante el aprendizaje del trading, sobre todo para comprender una gran cantidad de estrategias que se imponen sobre el trading, cuando no se lee lo suficiente, solo se sigue una estrategia sin sentido, y es complicado elegir entre alguna.
- Al inicio lo mejor es probar estrategias que sean sencillas, para que se puedan ajustar a tus objetivos del plan de trading, en la simplicidad se encuentra la clave para generar ingresos.
- Al practicar, se puede pensar directamente sobre la practica o entrenamiento en cuentas demo para que ganes confianza.
- La rentabilidad del trading no cuenta segundas alternativas, la base persiste sobre la disciplina, el trabajo y la paciencia.
- La operación dentro del trading debe ser con dinero que se pueda perder, es decir no debe ser una solución misma a los problemas económicos personales que posea, sino como una fuente de ingresos alternas.

La psicología del trading

El éxito del trading, como una de las formas de inversión de criptomonedas, depende de ciertos factores claves, en primer lugar se trata del inversor mismo, el cual debe desempeñar cada acción basada en el conocimiento y la experiencia, esto se obtiene mediante una práctica constante y dedicación por entender cada detalle.

Pero todo esto, es procesado directamente por la mente del inversor, ya que eso impacta directamente sobre la actitud, buscando que las emociones sean controladas por completo, para no perder de vista el camino adecuado como inversionista, el éxito dentro de esta actividad no es distante a otro aspecto de tu vida cotidiana.

Tal como si se practicara algún deporte, de esa misma manera, hace falta llevar a cabo una gran preparación, tanto el psicológico, como en el conocimiento, de ese modo se pueden aprovechar al máximo las oportunidades, y superar los obstáculos, por este motivo la psicología del trading es vital para que un principiante desarrolle su propia estratega.

1. **El miedo**

El miedo no es un gran acompañante para asumir los riesgos que implica una inversión, en una operación, esta clase de sensación se puede dividir en dos sentidos, puede aparecer alguna oportunidad, y por el miedo dejes pasar esa alternativa, es una manera de perder el atrevimiento.

Otra situación, es que tengas una operación abierta, y el miedo cause que se cierre mucho antes de llegar el punto óptimo, por ello ser víctima del miedo, causa que no te deje abrirte a los sucesos positivos del trading, a los cuales solo se puede tener acceso cuando te permites perder dinero.

2. La avaricia

Una emoción muy usual en el aspecto de la inversión es la avaricia, ya que cualquier usuario busca ganar cada vez más dinero, pero esto en algún punto genera que se busque una apertura de negocios de manera excesiva, lo cual es una gran atracción de riesgos que llegan a ser innecesarios e incluso ilógicos.

En un mercado no se puede perder el control, ya que eso causa que se impongan operaciones sin una medida de por medio, porque no existe paciencia para evaluar el tipo de oportunidades que se presentan, por ello es indispensable que se tenga calma, el lugar de solo duplicar y triplicar el dinero disponible.

Las claves para dejar a un lado estos dos enemigos, son las siguientes actitudes que desarrollan los inversionistas más exitosos en el mundo:

- **Confrontar las operaciones perdedoras**

Las rachas son temidas en el mundo de las inversiones, cuando se trata de un mal momento, se piensa en hallar un punto o elemento culpable, hasta el punto de cambiar de estrategia de forma repentina, ya que se piensa que las pérdidas se han generado a causa de un sistema mal hecho.

El cambio de estrategia no es una solución en sí misma, sobre todo porque perder forma parte del trading, el porcentaje de pérdida es propio hasta lo de los traders más experimentados, una solución ante este escenario es conservar un grado de tolerancia ante el error, para evitar que el miedo se apodere de tu actuación.

- **Sensatez con las operaciones ganadoras**

Unas cuantas operaciones positivas, son una justa motivación, pero se debe evitar que sean un mal ejemplo al seguir, es decir que causen una ceguera estimable, porque ante el trading ninguna persona es infalible, nadie está inmune a la pérdidas, más allá de que a nadie le guste perder, es un hecho con el cual convivir.

Ser parte del trading, es enfrentar un riesgo constante, por ello la idea a aceptar es que resulta sencillo perder dinero, por ese motivo el exceso de confianza es una forma fácil para que los resultados negativos lleguen a surgir, porque se asumen más riesgos, además de omitir aceptar tus errores.

- **Pensamiento positivo**

El funcionamiento de una visión positiva es clave, porque eso significa que existe un alto nivel de creencia sobre la estrategia, causando que puedan aparecer operaciones exitosas, de lo contrario con pensamientos negativos solo son un llamado directo hacia los errores, por prestarle mayor atención al miedo.

El lenguaje interior positivo cumple con una orientación mucho más eficaz, porque es una autoconfianza más consciente, para valorar los hechos del trading desde una perspectiva constructiva, la mejor receta para no fallar es apegarse a las ideas que puedan sostener cada paso.

- **Realismo pleno**

La conciencia sobre que tus acciones son capaces de hacer, y lo que no, es vital para tener esa capacidad para reaccionar ante las incidencias del mercado, porque se asume que el mercado es una gran infinidad de actos y sujetos que no se pueden limitar a un control, así que una operación puede tener la misma posibilidad de ganadora como perdedora.

Lo que se puede controlar realmente es al inversor mismo, la forma de actuar personal es lo que marca tendencia sobre el tipo de resultados que puedes llegar a obtener, así que a lo que se debe prestar atención es a esa forma a través de la cual se busca una oportunidad de inversión, y las bases para tomar ciertas decisiones.

- **Dominio de las emociones**

Las emociones como miedo y avaricia, son usuales dentro de la inversión, pero el control o restricción de las mismas, es lo que marca un antes y un después, con experiencia, esto poco a poco se va quedando a un lado, el sistema personal de trading debe irse mejorando con cada resultado, esa es la misión básica.

La solución para llegar a esta escalada, es explotar al máximo una cuenta demo, porque eso ayuda a crear una anotación personal para tener o asumir una postura clara, con esas pruebas se pueden optimizar las reacciones, de ese modo cuentas con una mejor lectura sobre el mundo de la inversión.

Cómo hacer trading de criptomonedas, paso a paso

Entender paso a paso la aplicación del trading de criptomonedas, es un flujo continuo para llegar a desarrollar operaciones de manera eficaz, bajo esta metodología:

- **Análisis fundamental, tras la criptomoneda de tu preferencia**

La negociación de criptomonedas en distintas plataformas no tiene fin, por este motivo puede ser complicado elegir la oportunidad de inversión que posees, lo mejor es optar por la que posea mayor capitalización en el mercado, además del nivel de consolidación que desarrolle, o también algunas de capitalización bajas son una gran alternativa.

Ante este escenario lleno de dudas, es indispensable llevar a cabo un análisis fundamental, donde se analizan las características técnicas, los competidores y mucho más, a esto se suma el estudio del ranking de criptomonedas, para seguir uno de los caminos más populares, el pensamiento a seguir es un potencial a futuro, junto con la situación actual.

- **Análisis técnico del precio**

Cuando una criptomoneda pueda despertar tu interés, lo siguiente es medir la situación que posea en la actualidad, sin olvidar tomar en cuenta los patrones psicológicos, para alinearlo con los indicadores matemáticos, para tener una idea de la dirección del precio, puede ser una tendencia alcista con una posición larga.

Mientras que por otro lado, debe existir una tendencia bajista con posiciones cortas, hasta encontrarse la zona de no operación, donde los estudios resultan poco concluyentes, cada postura debe conservar un sentido de estudio.

- **Situación del mercado**

La opinión de otros operadores sobre una criptomoneda es útil para elegir algún camino, por ello cada noticia posee una gran utilidad e impacto sobre el precio, de ese modo se pueden analizar esos movimientos hasta ganar una ventaja.

- **Herramientas extras**

Tener decidido el camino o la vía de inversión, como también si se sigue una tendencia a la alza o baja, implica luego ocuparse de otras alternativas, donde surge el tope de pérdidas, donde se fija el porcentaje que no permita que las pérdidas aumenten de esa cifra, y el tope de beneficios se refiere al valor del activo sobre el cual se cierra la operación.

Por otro lado, se puede aplicar el apalancamiento para aumentar la exposición y el riesgo, hasta la intervención del tope de pérdidas dinámico, para tener presente cuando un activo se mueve a favor.

- **Abrir posición**

Pensar en cada detalle, permite que se puedan abrir las posiciones para hacer trading de criptomonedas, ya sea corta o larga, es una ejecución para ser parte del mercado, poniendo en práctica las estrategias de preferencia sobre el inversor.

Tipos de trading

Más allá de establecer una estrategia de trading, existe una consideración profunda sobre los tipos de trading que se pueden desarrollar o llevar a cabo una planeación amplia, lo esencial es que se puedan aprovechar al máximo estas modalidades:

- **Trading Intradía**

El trading intradía, se basa en abrir y cerrar operaciones en un día, buscando generar ingresos de forma rápida, siguiendo los movimientos de precios de intradía, ya que las posiciones no se mantienen abiertas luego del cierre de los mercados, por ello se evita correr riesgos al no mantenerlos durante la noche.

- **Scalping**

El scalping se basa en una modalidad de trading intradía denominada como de alta frecuencia, bajo este desarrollo se buscan ganancias pequeñas, por medio de un gran número de operaciones, son posiciones abiertas bajo una línea de tendencia que entran y salen del mercado, esas operaciones son para un corto plazo muy breve.

- **Trading con tendencias**

Este tipo de trading, posee gran semejanza con el scalping, porque se lleva a cabo bajo una posición donde se sigue la línea que posea tendencia, donde el objetivo del inversor de tendencias es aumentar los beneficios, pero se dejan abiertas la mayor parte del tiempo, esperando un movimiento de precio conveniente.

- **Swing trading**

Se dedica por completo sobre las oscilaciones de los precios, esto se lleva a cabo durante una tendencia, para que se pueda aprovechar por completo ese lado volátil que forme parte del mercado, con movimientos en ambas direcciones porque son mercados bajo constante evolución, esto causa que haya más oportunidad de ganancias.

- **Trading de posición**

Esta clase de trading, demanda ubicarse en una posición por un lapso de tiempo que supere un día, puede ser una forma de operar durante semanas, meses, hasta años, por ello esto implica que se realicen menos operaciones a diferencia de las demás, así que es ideal para los que buscan una inversión a largo plazo.

- **Trading automatizado**

El trading automatizado corresponde al uso de un programa a través del cual se pueden ofrecer órdenes de negociación, para que se desarrollen en automático, esta clase de sistema cuenta con un diseño sencillo, como también complejo, lo importante es que se pueden personalizar para cumplir con los objetivos impuestos.

Lo que debes saber sobre los Exchanges

Lo primero a aclarar cuando se trata de Exchanges es exponer su concepto, se trata de una plataforma online que permite intercambiar, es decir comprar y vender criptomonedas, dentro de esta dinámica también se encuentra el nombre o la función de una casa de cambio "bróker", que es como una tienda online dedicada a la reventa de cripto.

Estos servicios en línea, pueden hacer surgir la interrogante del tipo de comisiones que se imponen, ya que cada casa de cambio actúa como un intermediario mismo, por esa razón existen gastos de por medio a tener presente como pueden ser los siguientes:

- **Comisiones aplicadas al método de pago**

La mayoría de los Exchanges no imponen comisiones de este tipo, pero cuando el emisor realiza un pago, para comprar alguna clase de criptomoneda, ya sea mediante un depósito, o cualquier otro medio, normalmente se agrega el abono de alguna comisión, o como también puede ser un costo por cambio de moneda, como es usual con la compra de Bitcoin con euros.

- **Comisiones por transacción**

Se trata esencialmente del spread, como también de las comisiones que se originan por medio de cada transacción, este tipo de cálculo se genera por el volumen negociado, el cual puede ser fijo o variable, todo depende de los precios del mercado.

- **Comisiones del retiro del saldo**

Al momento de depositar dinero en la cuenta, como también comprar alguna criptomoneda, surge una comisión, lo mismo ocurre con el retiro de saldo, normalmente se fijan dos clases de comisiones, la primera depende del método de pago, y la segunda en base al cambio de la moneda.

Los métodos de pago usuales que se pueden incorporar al funcionamiento de la Exchange, es cada vez más amplio, dentro de las cuales se encuentra la tarjeta de crédito o débito, siendo una de las alternativas más costosas, porque imponen comisiones de hasta el 3%, por otro lado se encuentra Paypal como otra opción cara, llega hasta un 4% de comisión.

A estos métodos se suman las transferencias bancarias, siendo una de las formas más usadas, y las comisiones se estiman hasta un 1%, hasta surgen los depósitos en criptomonedas, aunque no es muy útil para iniciar la inversión desde cero, pero cuando posees ciertas divisas y quieres cambiarlas por otras, entonces es factible.

Cómo elegir la mejor casa da cambio para invertir

Las dudas aumentan cuando se trata de elegir una casa de cambio con margen de crecimiento, pero es fácil cegarse antes los anuncios modernos, una solución para esto es aplicar los siguientes criterios para decantarse por una opción conveniente:

1. Disponibilidad de criptomonedas

Según la cantidad de criptomonedas disponibles se puede tomar una decisión, en este sentido, no todas las casas de cambios cumplen, sino que se abstienen a un número mucho más limitado de opciones, por ello a mayor cantidad, es mejor la probabilidad de hallar la criptomoneda que posee un potencial de rentabilidad grande.

2. Comisiones y métodos de pago

Los costos varían sobre una casa de cambio y otra, cada una impone una política distinta, por ello antes de elegir alguna, es una obligación medir todos los gastos de por medio, sobre todo en base al método de pago que utilices, así como también el cobro que poseen por el uso de spreads y la disposición del saldo.

A estas estimaciones, se integra el modo de pagar tus coins, ya que es un requisito que el Exchange permita utilizar el método de pago que poseas, por ello es esencial buscar un espacio que te permita operar sin ninguna limitación.

3. La decisión del wallet

Diversas casas de cambio ofrecen el servicio o la modalidad de wallet, esto se refiere a que puedes contar con la adquisición de criptomonedas en el mismo lugar del monedero digital, ahorrando cualquier acción de registrarse en alguna Exchange adicional.

4. Seguridad

Toda casa de cambio debe ser medido bajo el factor de seguridad, esto implica que pueda ofrecer liquidez, además que pueda portar o contar con un valor en criptomonedas elevado de cientos de millones, eso prueba el nivel de fiabilidad, y a esto se suma que posean fondos de depósito offline, que posean una protección contra ataques.

5. Límites de depósitos o retiro

Así como se elige un banco, por el tipo de cantidad que permite mover, lo mismo ocurre con la casa de cambio, lo más recomendable es que sea acorde a tus posibilidades económicas, es decir ni tan bajas, ni tan elevadas a lo que necesitas.

Los mejores Exchanges para comprar e invertir en criptomonedas

Una vez que conoces los aspectos fundamentales que inciden en la elección de un Exchange, lo siguiente a tomar en cuenta es la popularidad, como también la gran cantidad de usuarios que posee, cada parámetro mencionado anteriormente es considerado para descubrir los mejores Exchanges.

- **Bitpanda**

Es una plataforma con gran popularidad, permite comprar criptomonedas, como también metales preciosos de forma sencilla, puedes invertir tan solo un euro inicialmente, y encontrarte con más de 30 activos disponibles, en cuanto a su atención al cliente, poseen una modalidad activa las 24 horas, los 7 días de la semana.

Posee una forma de operar apegada a monederos seguros, como también aquellos que se encuentren fuera de línea, no impone ningún tipo de riesgo, y cumple con las normativas impuestas dentro de este ámbito, solo necesitas crear la cuenta, verificarla, y realizar un depósito de 25 euros para pensar en invertir con una gran cartera personal de activos.

- **Binance**

Es uno de los Exchange que posee wallet incluida a sus servicios, se ha convertido en uno de los más usados en China, y es de los más grandes en el mundo, dispone del trading de más de 100 criptomonedas, su popularidad se basa en el ofrecimiento de seguridad, liquides, y también atención al cliente, se encuentra disponible en varios idiomas además.

En medio del desarrollo de esta Exchange dispone de su propia criptomoneda, sin dejar a un lado que proporciona concursos, material de aprendizaje para principiantes y mucho más, es un modo de negociar abiertamente.

- **Coinbase**

Esta es considerada como una de las mayores casas de cambios del mundo, opera en más de 100 países, desde el año 2012 desarrolla servicios de este tipo, y el 97% de sus fondos se encuentran bajo un almacenamiento seguro, con distintas modalidades de acceso para facilitar la vida a cualquier tipo de usuario.

Es importante que antes de cualquier operación se consulte el tipo de comisión que existe de por medio, además de hallar el método de pago compatible con tus aspiraciones, de ese modo se transforma en una elección segura para tus intereses.

- **Bitfinex**

Se trata de una casa de cambio y plataforma de trading a disposición para cualquier proyecto, además está disponible la compra y venta activa de criptomonedas al contado, y al margen mientras se realiza trading, aunque posee una gran variedad de activos, sus métodos de pagos son restringidos a sólo depósitos con criptomonedas y transferencia bancaria.

- **Liquid**

Esta casa de cambio japonesa, cuenta con un volumen de transacciones muy llamativo, por ese motivo se posiciona como una de las mejores, permitiendo comprar hasta 69 tokens, además de proporcionar acceso a una plataforma de trading, para que se pueda comerciar con cientos de monedas y se vincula fácilmente al wallet.

- **Kriptomat**

Es una de las mejores alternativas para formar parte de la inversión en criptomonedas, bajo el método de pago con tarjetas de crédito, causando que sea sencillo formar parte de este mundo, es una plataforma que no genera ningún tipo de complicación, y es ideal para usuarios novatos, ya que cada opción se encuentra bien explicada.

- **Bitstamp**

Se considera como una de las casas de cambios de mayor tamaño en Europa, por ello su funcionamiento es importante a nivel continental, y ha sido premiada como una de las cuatro casas de cambios que determinan el precio del Bitcoin, abriendo paso a un mayor nivel de confiabilidad.

Los mercados de predicción a considerar en 2021

Las predicciones de los mercados, se encuentra anclada al tipo de tendencia que sea predominante en el mundo, esto puede ser el Super Bowl, como también la final del mundial de fútbol, ese tipo de impactos a mundial, crean un pronóstico amplio en lo que respecta a mercados a considerar.

Pero, es crucial saber qué es un mercado de predicción, esto se conoce como una forma de negociación de probabilidades, todo se estima en base al resultado de algún evento, para llegar a ese nivel es vital contar con una recopilación de información, ya que hay muchos factores involucrados sobre estos pasos.

Aunque, al tratarse de precios, la participación en un mercado de predicción cobra sentido, ese tipo de precio engloba el valor de las acciones que se encuentran en el mercado, cada predicción refleja lo que los participantes creerán o estiman como resultado final, se basa en un evento de la vida real que implica una elección.

Cada vez que las criptomonedas se expanden en un modo general, la propia tecnología blockchain cuenta con soluciones, y contribuye con un modelo descentralizado, por este motivo los mercados de predicción fungen como protocolos descentralizados para cambiar el resultado de eventos en algoritmos al cumplir condiciones.

1. Augur

Se trata de un mercado de predicción descentralizado, que fue originado por el protocolo ERC-20 perteneciente a Ethereum (ETH), se desarrolló desde el 2014, representa uno de los mercados bases de predicción, para cumplir con esa misión de democratizar las finanzas, y en 2018 se emitió un lanzamiento al público.

Una de las cualidades claves de este mercado, es que se desarrolla como un modelo totalmente descentralizado, para que cualquier usuario se capaz de crear o generar un mercado sobre cualquier tipo de evento relacionado con la vida real, del mismo modo resalta el trading de divisas que se desarrolla.

Por otro lado, existe la posibilidad de imponer tarifas de trading y un suministro ilimitado de tokens, también surge el establecimiento de un sistema de resolución comunitaria incentivado, ya que se garantiza la resolución exacta de los eventos que se hayan completado, de ese modo recauda más de 5 millones de dólares y sigue aumentando.

2. Gnosis

Este se ha conformado como uno de los mayores mercados de predicción, y se clasifica como uno de los primeros dApps sobre la red de Ethereum, en medio de este mercado se aplica el crowdsourcing buscando determinar el resultado de distintas situaciones en la vida, esto causa una característica de instauración de mercado abierto.

Cualquier usuario puede crear un mercado basado en la predicción, emplea un sistema de dos tokens, hasta llegar a una distribución de tokens sobre una gran porción centralizada, se ha clasificado como una de las mayores ICO más rápidas en la historia, es similar a Augur, por ese motivo son los más grandes en lo que respecta a la predicción.

3. Stox

Se trata de otro mercado de predicción que sigue el protocolo ERC-20 de Ethereum, cuenta con la misma dinámica de otros mercados, buscando una actuación descentralizada, en medio del rendimiento se permite la creación del mercado abierto, con el uso del token nativo STX, es una moneda útil para el trading.

En el caso de token de Bancor, posee una liquidez reservada, a esto se incorpora el oráculo y solución de disputas como una de las funcionalidades más resaltantes, pero es uno de los mercados más controvertidos y criticados por ser acusado por medio de la Comisión de Bolsa y Valores de los Estados Unidos.

4. Delphy

Es uno de los mercados construidos como una predicción móvil social, se encuentra enlazado sobre la red Ethereum, su acción pertenece a la predicción de criptomonedas, hasta que incluyó la consideración de eventos en la vida real, y su dinámica posee una cualidad de una gran velocidad de transacción.

Delphy cuenta con su propio token para el trading, hasta el ejercicio de oráculo centralizado, para cada evento esta medida se personaliza, cuenta con un enfoque chino y asiático de gran magnitud, en el cual se desarrolla una gran habilidad para crear el futuro, en esto participan todo los usuarios.

La diversidad de criptomonedas

La estimación de criptomonedas está superando la cantidad de 2000, cada semana se presenta una creación distinta, ese proceso se conoce como ICO, dentro de las más populares resalta el Bitcoin, Dash, Neo, Tron, Litecoin, Ripple, Monero, entre otras, esto es amplio y se pueden consultar hasta su basamento legal, con una cotización respectiva.

Las propuestas de las criptomonedas no se detienen, cada aspecto se mantiene bajo innovación, sobre todo el tema de las salidas a bolsa de las distintas empresas, esto es llamativo bajo el uso de las ICO, esto cumple con la función de financiar proyectos empresariales, lo cual genera acceso hacia la fundación de nuevas monedas virtuales.

Esto hace pensar en qué clase de criptomonedas invertir, esto se responde bajo las formas de invertir en las mismas, ya que existen dos modos de hacerlo, en primer lugar por el trading y por otro se encuentra la minería de monedas virtuales, esto aumenta la relevancia de elegir correctamente el activo y la forma de explotarlo al máximo.

En los últimos tiempos se han medido el tipo de criptomonedas más rentables, eso se determina bajo el rendimiento de cada una, para contar con esa clase de beneficios, lo cual se puede visualizar de la siguiente manera:

- **Aave:** Posee una acumulación de rentabilidad de 6398,22% en el último año 2020.

- **Kusama:** Dispone de una alta rentabilidad del 5222,37% el transcurso del año pasado.
- **Celsius Netowork:** La rentabilidad ronda un 3843,88% como último rendimiento.
- **Band Protocol:** Dispone una rentabilidad de 2850,66% del desarrollo del año pasado.
- **Theta Token:** Se basa en un 2299,39% de acumulación el último año.

Cada uno de estos sectores se impulsan por medio de la tecnología, cada plataforma es usada para realizar intercambios comerciales a diario, esto genera que cada moneda se pueda situar en un lugar privilegiado, esto merece una atención especial para no pasar por alto la oportunidad de invertir en el sector más atractivo.

Las criptomonedas más rentables

La rentabilidad actual de una criptomoneda no asegura que posea cierta rentabilidad a futuro, esa es una máxima del comportamiento del mercado, sobre todo cuando la evolución de esta clase de moneda es tan volátil, por ello el potencial de cambios está a la orden del día, en base a las cotizaciones más exitosas resaltan las siguientes monedas:

1. **Bitcoin**

Más allá de las apariciones de criptomonedas, el Bitcoin continúa siendo una de las mejores inversiones en lo que respecta a criptodivisa, su nacimiento marcó un antes y un después, por ello sobran los motivos para pensar en invertir en Bitcoin, a pesar de que existan monedas con mayor revalorización, el Bitcoin es de las que mayo futuro posee.

2. **Ethereum**

Esta es la segunda alternativa al Bitcoin, además es una de las segundas monedas con mejor capitalización, su poder se centra sobre el desarrollo o gestión de aplicaciones inteligentes, por ese motivo el Ethereum y el Ether fueron reconocidas como las más rentables en el añ0 2020.

3. **Ripple**

Se basa en una de las monedas con mayor capitalización luego de las anteriores, su crecimiento también es un aspecto notable, por ello dispone de un alto potencial financiero, y no es una moneda novedosa o novata, sino que cuenta con 5 años de recorrido con un basamento sobre la tecnología, y permite hasta 1000 transacciones por segundo.

4. **IOTA**

Corresponde con uno de los proyectos más rentables, porque deja una profunda huella en el sector de las criptodivisas, busca añadir una gran cantidad de monedas virtuales en internet, pero con la diferencia que utiliza una tecnología Tangle, siendo una modalidad mucho más escalable y rápida en comparación de blockchain.

5. NEO

Es denominado o clasificado como el Ethereum de China, el futuro se encuentra estimado sobre el mercado asiático, es un aspecto de criptodivisas con mucho futuro, aunque el gobierno chino cuenta con una participación directa sobre ese sector, irrumpiendo con el lado descentralizado que se acostumbra en este mundo.

Qué inversión elegir en el mundo de las criptomonedas

El mundo de las criptomonedas plantea una gran cantidad de oportunidades a aprovechar, pero cómo se puede iniciar y tener éxito es la incógnita, estos caminos son una decisión ampliamente personal, pero mayormente las preferidas son Bitcoin y Ether, siendo los pilares claves de esta clase de finanzas modernas.

Pero dentro de cada red abundan las opciones, en el caso del Ethereum, puede surgir la alternativa de las stablecoins, siendo una criptomoneda que se crea por medio de bloques de Bitcoin, con la finalidad de sostener el precio del mercado, y está anclado a los activos a los cuales se encuentra vinculada.

Ethereum se concibe como un ecosistema enorme en la actualidad, posee una gran incidencia sobre las finanzas descentralizadas, llegando a aguardar un valor de 43 billones, de ese modo se justifica la firma elección hasta ese tipo de criptomonedas, pero no se puede dejar a un lado el rol destacado de Ada.

La criptomoneda de Ada es un activo con mucha proyección, como también es muy llamativo Lumen, siendo un punto intermediario para la conversión de divisas, es mundo interesante con grandes proyectos, y cada avance postula un movimiento volátil, por ello para superar cualquier nivel de incertidumbre es clave indagar.

Las ventajas y desventajas de invertir en criptoactivos

Los temas de monedas virtuales no son sencillos, esto se debe a su escasa comprensión, porque a cualquier ciudadano le cuesta formar parte de esa dinámica, mucho menos de la figura del dinero fiduciario, denominado de esa manera por no estar respaldado en algún activo, para pasar a entender que se basa una serie de códigos almacenados con un alto valor.

Desde la creación del nuevo sistema de dinero electrónico impuesto por Satoshi Nakamoto, la pasión por estos métodos descentralizados ha crecido, sin importar el tipo de apoyo que posea el banco central, es una idea revolucionaria por completo, la atracción por invertir en este sector es elevada.

Las ventajas a considerar para introducirse a este medio financiero son las siguientes:

1. Consideradas como monedas globales

Las monedas virtuales no poseen ningún tipo de regulación, es decir ni el Estado, ni el banco u otra institución similar interviene, esto permite que su uso no pueda ser controlado por alguna frontera, sino que representa una escala global, su uso se ha comparado con la dinámica que posee el correo electrónico.

Las criptomonedas se encuentran dominadas por parte de los usuarios, los cambios deben ser asumidos e imparido por los usuarios, más allá de cualquier mejora sobre los softwares.

2. Cuentan con seguridad

En temas de falsificación o duplicación de criptomonedas, surge una menor incidencia, es prácticamente imposible, ya que se trata de una técnica de criptografía que impide esta clase de sucesos, es decir cada usuario dispone de una clave criptográfica distinta, causando que cualquiera pueda realizar operaciones digitales con libertad.

3. Un grupo de criptomonedas son deflacionarias

En el caso de criptomonedas como Bitcoin y Litecoin, se trata de una emisión limitada que poseen, es decir Bitcoin alcanza hasta 21 millones, mientras que Litecoin llega a 84 millones, es una reducción que se provoca a través del tiempo.

4. Son intercambios irreversibles

Una ventaja del mundo de criptomonedas, es que se ejecutan mediante operaciones irreversibles, lo que quiere decir que ninguna clase de tercero es capaz de cancelar o modificar la transacción una vez que sea realizada, esto se debe gracias a que no están reguladas en algún órgano central, ni hay un acceso que interfiera de ese modo.

5. Son activos que poseen inmediatez

Las criptomonedas cumplen con la cualidad del comercio electrónico, donde los pagos son desarrollados bajo un nivel de inmediatez, ayudando a generar una conexión con clientes o usuarios internacionales, es un modo de pago versátil que rompe con cualquier barrera, creando un proceso de cambio global, sin retrasos o intermediarios molestos.

6. Cualidad como activo transparente

Cada transacción realizada con monedas virtuales, se llevan a cabo por medio de la tecnología Blockchain, esto causa que sean públicas las acciones, ese archivo queda en una cadena de bloques, y su respaldo se encuentra en distintos ordenadores, ese almacenamiento está disponible para cualquier usuario.

Además de estas ventajas, existen ciertos elementos negativos a no pasar por alto, ya que son razones por las cuales ciertos sectores de la sociedad se alejan de esta opción, cada futuro inversiones debe considerar las siguientes:

1. Alta posibilidad de pérdida de dinero

No hay duda que uno de los mayores peligros de este mundo de inversión, como todos los demás, es el riesgo que se corre, pero a esto se suma cualquier tipo de descuido que se produzca con la gestión de la wallet, ya que depende del respaldo de la contraseña, y evitar hackeos que afecte el dinero virtual.

2. Cambios negativos por la falta de regulación

En la actualidad como se ha mencionado, surgen avances sobre la regulación de la transacción de las criptomonedas, así como también se presentan instituciones que regulan las transacciones y pertenecen a la Unión Europea, por ello algún cambio legal puede afectar el nivel de monedas virtuales que poseas o la forma de operar.

3. Desconfianza sobre los usuarios

Más allá de que la tendencia de criptomonedas se ha hecho popular, en medio de la negociación, todavía habita un alto nivel de escepticismo a negociar con los usuarios, sobre todo por motivos de fluctuación de precios, como también por desconocimiento, siendo una traba para la comercialización de estas monedas virtuales.

Los mejores brókers con demo

De la misma manera en la que se compra un artículo de manera minuciosa, con ese mismo enfoque se debe practicar la inversión antes de dar ese paso hacia un mundo volátil, para que puedas ganar confianza puedes tener acceso a los brókers con demo, esto ayuda a aprender mucho más, y tomar en cuenta las características y garantías.

Antes de invertir dinero real, no cabe duda que una opción clave es probar con anticipación para seguir una línea mucho más segura, puedes obtener una cuenta demo que te ayude a escalar, teniendo una mayor familiaridad con las funciones de un bróker, puedes empezar por estas alternativas:

- **Plus500**

Permite practicar el trading con acciones, índices, materias primas, y sobre todo criptomonedas, cuenta con una regulación para sostener sus operaciones, permite cumplir con acciones demo de forma ilimitada, además de tener acceso a toda clase de dispositivos, con aplicaciones de toda clase.

Para tener una cuenta demo, solo necesitas disponer de correo electrónico, contraseña y hallar cada opción que forma parte de este software, se puede utilizar una cuenta de Facebook o Google, de ese modo dispones de un saldo ficticio de hasta 40.000 euros, es muy sencillo de usar y posee alertas de los movimientos del mercado.

- **xStation**

Para tener la posibilidad de afianzarse sobre el trading, esta es una opción efectiva, con una plataforma preparada para una gran variedad de dispositivos, el registro únicamente depende de correo, nombre e identidad, tipo de cuenta y contraseña, el saldo ficticio ronda los 20.000 euros, para un límite de 4 semanas de operación.

- **eToro**

La práctica de trading con criptomonedas se hace realidad por medio de esta respuesta, dispone de una regulación legal para desarrollar toda clase de intercambios comerciales, se puede tener acceso desde el sitio web, como también de algún dispositivo móvil, aunque sin registrarte puedes observar las funciones.

Los mercados de inversión de eToro son muy diversos y atractivos, los únicos datos requeridos es la identificación, correo electrónico, y disponer de un saldo que ronda o llega hasta los 100.000 euros, para poner en marcha la capacidad trading.

- **Naga**

El acceso demo al mundo de las criptomonedas está garantizado por medio de Naga, pudiendo practicar con herramientas de primer nivel, con una fase de registro sencilla, además cuenta con un funcionamiento para macOS y Windows, es una ventaja para aventurarse con el poder de los brókers.

- **Libertex**

El mercado de criptomonedas se abre a disposición de un entrenamiento eficaz, y lo mejor de todo es que no hace falta registrarse para hallar cada opción, disponible con toda una variedad de dispositivos, permitiendo negociar con saldo ficticio, permitiendo que la cotización de los activos se ponga a prueba.

- **Trade.com**

Se desarrolla como una amplia oportunidad de ser parte del mundo de criptomonedas, su funcionamiento demo es accesible desde cualquier vía, y al mismo tiempo usar todas las funcionalidades, contando con un saldo ficticio de 10.000 euros, todo esto es proporcionado por la cuenta demo.

La mejor forma para elegir un bróker demo, es al estimar el lado gratuito del servicio junto con su funcionamiento, la intención es disponer de un aprendizaje primero, lo siguiente es dedicar atención al tema de la facilidad para el alta, sin tantos requisitos de por medio, y con un acceso a tu medida, sin olvidar la potencia de cada herramienta.

Métodos alternativos para ganar dinero con criptomonedas

Más allá de invertir y esperar la cotización de las criptomonedas, existen una gran cantidad de formas para ganar dinero con criptomonedas, de igual manera cada una cuenta con su propia proporción de riesgos, posibilidades y técnicas, es crucial entrar en detalles sobre esas opciones:

1. **Trading automático**

En el mundo financiero existen los robots de trading, siendo una gran opción para los que no poseen suficientes conocimiento sobre este mundo de inversión, además es una forma valiosa para ahorrar tiempo, ya que no hará falta seguir gráficas, y las incidencias de los mercados, pero no deja de ser un camino riesgoso como toda inversión.

Se trata de una serie de software donde los traders pueden disfrutar de beneficios bajo una modalidad automática, son robots que detectan las señales de trading, buscando comprar y vender en un espacio de gran ventaja, todo depende de la calidad del algoritmo, como también del movimiento del mercado, es un margen de error importante.

2. Criptomonedas gratuitas

Se basa en una alternativa gratuita para ser parte del mundo de criptomonedas, aunque en líneas generales no llegan a ser totalmente gratis, se usan como parte de un esquema de participación PoS (proof of stake), sin la prueba de trabajo, son recompensas que usualmente se entregan por medo de airdrops.

3. Apuestas con criptomonedas

Para los amantes de riesgos, esta sin duda es una vía de adrenalina pura, ya que las divisas virtuales han empezado a formar parte del mundo de las apuestas, cada plataforma de apuestas se abre al azar, a través del cual podrás ganar o perder criptomonedas, a nivel internacional se han compartido los casinos exclusivos de criptomonedas.

4. Cobros por servicios profesionales

En la actualidad, el cobro por servicios profesionales se realiza por medio de una criptomoneda, permitiendo que cada freenlance tenga una opción versátil sobre sus ingresos, todo depende de las negociaciones que se establezcan con los clientes.